Mix
Produktgruppe aus vorbildlich bewirtschafteten Wäldern und anderen kontrollierten Herkünften
Zert.-Nr. BV-COC-070303
www.fsc.org
© 1996 Forest Stewardship Council

Erstmals erschienen 2001 im Michael Neugebauer Verlag,
einem Imprint der Verlagsgruppe NordSüd Verlag AG, CH-8005 Zürich.

Lithographie: Repro Fuchs, Salzburg
Druck und Bindung: Proost N.V., Turnhout, Belgien
ISBN 978-3-314-01749-0

5. überarbeitete Auflage 2010

Besuchen Sie uns im Internet: www.nord-sued.com

Brigitte Weninger · Eve Tharlet

Frohe Ostern, PAULI

NordSüd

Endlich war der Frühling da! Überall grünte und blühte es und die Vögel zwitscherten. Familie Kaninchen saß draußen vor dem Bau und ließ sich die warme Sonne auf das Fell scheinen. Da kam Paulis Bruder Max angelaufen.

„Wisst ihr, was ich gerade gehört habe?“, fragte Max aufgeregt. „Die Menschen feiern morgen ein großes Fest. Es heißt Ostern. Da kommt der Osterhase mit seinem Korb zu den Kindern und bringt ihnen bunte Ostereier und kleine Geschenke mit. Und dieser Osterhase wohnt hier bei uns im Wald!“

„Was? Wo?“, fragte Pauli sofort. Papa Kaninchen kratzte sich nachdenklich am Kopf. „Es gibt natürlich Hasen hier im Wald, aber von einem Osterhasen habe ich noch nie etwas gehört!“

Manni, Lina und die kleine Mia hörten mit großen Augen zu.
„Mia will auch Gesenke haben!“, piepste die Kleine.
„Genau!“, sagte Lina. „Vielleicht bringt dieser Osterhase auch uns bunte Eier, wenn wir ihn darum bitten!“
„Los, Leute, wir gehen ihn suchen!“, rief Manni.
Und das taten sie auch.

Die fünf Kaninchenkinder suchten
und suchten und suchten,
aber den Osterhasen fanden
sie nirgends.

„Schade!“ Lina, Manni, Max und Mia waren enttäuscht.
Pauli ging ärgerlich fort, setzte sich mit seinem Stoffkaninchen Nickel ins Gras und dachte nach.
„Es ist ungerecht, dass WIR keine Ostereier und Geschenke bekommen sollen“, schimpfte Pauli. „Ich will aber, dass wir zum Osterfest auch bunte Eier haben, und wenn ich sie selber…“

„Ja, Nickel, das ist DIE Idee! ICH kann ja der Osterhase für meine Geschwister sein. Das wird lustig!“ Pauli war plötzlich wieder vergnügt und sprang auf. „Komm, Nickel, wir haben viel zu tun.“

„Zuerst einmal brauchen wir Eier!“, sagte Pauli.
„Woher der Osterhase die wohl hat?“
Nickel und Pauli sahen ein Vogelnest mit fünf kleinen, gesprenkelten Eiern. „Nein, Nickel, die können wir nicht nehmen. Da schlüpfen bald Vogelbabys heraus. Wir brauchen etwas anderes und ich weiß auch schon, was!“ Pauli lief mit Nickel zum Fluss hinunter.
Dort am Ufer lagen wunderschöne Flusskiesel und bald war Paulis Mütze voll mit runden, bunten Steinen, die wie Eier aussahen.

„Und jetzt brauchen wir noch Geschenke!“
Pauli und Nickel saßen bis zum Abend in ihrem geheimen Waldversteck.
Pauli flocht ein Tragekörbchen für Linas Zapfentiere, machte aus einer Wurzel einen Osterhasen für die kleine Mia und dann noch zwei schöne Rindenschiffe für Max und Manni.
„So, Nickel, wir sind fertig!“, lachte Pauli. „Morgen früh wird Pauli, das Osterkaninchen, bunte Eier und Geschenke bringen, und alle werden glauben, dass der Osterhase da war!“

In dieser Nacht konnte Pauli vor lauter Aufregung und
Vorfreude kaum schlafen, und in der Morgendämmerung
schlich er auf Zehenspitzen hinaus.
Während alle noch schliefen, versteckte er seine Geschenke
draußen vor dem Bau, und Nickel half ihm dabei.
Dann schlüpften sie kichernd und tuschelnd zurück ins Bett.
„Oh, Lina, Manni, Max und Mia werden große Augen machen...!“

Am Ostermorgen hoppelte die Kaninchenfamilie aus dem Bau.
„Aua!“ Lina war über etwas Rundes, Buntes gestolpert.
„Ein buntes Ei! Seht her, ich habe ein Osterei gefunden!“, rief Lina überrascht.
„Und da ist noch eines! Der Osterhase war doch da!“
„Was? Wo?“
Lina, Manni, Max und Mia fingen an zu suchen.
Bald hatten sie alle Eier und alle Geschenke gefunden.
Die Geschwister lachten und hüpften vor Freude.

„Und du, Pauli?“, fragte Mama Kaninchen. „Hast du als Einziger kein Osterei und kein Geschenk bekommen?“
Pauli wurde über und über rot.

Verflixt, er hatte nicht daran gedacht, auch für sich selbst etwas zu verstecken! Dabei sollte doch niemand erraten, dass er das Osterkaninchen für seine Geschwister gewesen war!

„Ich – ich – ich habe noch gar nichts gefunden“, stotterte Pauli verlegen.

Pauli tat so, als würde er unter den Büschen suchen.
Dabei wusste er ganz genau, dass er dort nichts versteckt hatte…

Aber was war das?! Da lag ja noch ein buntes Osterei und dort eine kleine Weidenflöte! Pauli war völlig verwirrt. Wer hatte denn das hier versteckt?

„Schön, dass der gute Osterhase jedem Kind etwas gebracht hat!“, freute sich Papa Kaninchen. „Das wäre eigentlich ein Anlass für ein Fest.“ „Ja, ja, wir wollen feiern!“, riefen alle.

Mama Kaninchen holte den Picknickkorb und Familie Kaninchen verbrachte einen fröhlichen Ostertag auf der Waldwiese.
Und am allerfröhlichsten war Pauli, das kleine Osterkaninchen!